PRÉCIS HISTORIQUE

DE LA VIE

DE JEAN-ARNAUD RAYMOND.

PRÉCIS HISTORIQUE

DE LA VIE

DE JEAN-ARNAUD RAYMOND,

Membre de l'ancienne Académie d'Architecture, de l'Institut impérial, associé correspondant du Lycée de Toulouse, Architecte des maisons impériales de Saint-Cloud, Meudon, Saint-Germain, Beauvais, etc.

RAYMOND était né à Toulouse le 9 avril 1742. Son père, Pierre Raymond, entrepreneur de bâtimens dans cette ville, lui donna les premières leçons d'architecture, et lorsqu'il eut atteint dix-huit ans, il l'envoya continuer et perfectionner ses études à Paris. Le jeune Raymond eut successivement pour maître *Blondel*, *Hilaire* et *le Roy*, dont il se concilia l'estime et l'affection. En 1767, il concourut pour le grand prix de Rome, et le remporta. Il partit pour l'Italie, et le temps de son pensionnat expiré, il quitta Rome pour aller, à ses frais, voir à Gènes et à Venise la belle architecture moderne. La charpente, les dômes, les coupoles, les théâtres furent l'objet de ses études. Il envoya ses dessins au célèbre *Soufflot*, qui conçut l'opinion la plus avantageuse de son talent, et lui voua par la suite un attachement tout particulier. Il était resté huit ans en Italie, travaillant, dessinant sans cesse. En 1776 il vint à Paris, et lorsqu'il ouvrit et montra son porte-feuille, on vit que la France comptait un habile homme de plus.

Raymond ne tarda pas à être employé : il fut appelé à Montpellier pour divers grands travaux. La place du Peroux, qui est son ouvrage, prouve ce qu'il aurait pu faire ; mais les fonds ayant manqué, il fut obligé, après trois ans de séjour à Montpellier, de revenir à Paris.

Une place à l'académie d'architecture s'étant bientôt trouvée vacante, une liste de trois candidats fut présentée au Roi; Raymond y était inscrit le premier, mais il n'avait pour protecteur que son talent, et ne fut point nommé. La mort de M. *Billandel* offrit une nouvelle place à remplir ; Raymond fut encore présenté comme premier candidat; et cette fois il fut plus heureux; disons mieux, on fut plus juste envers lui. Sa nomination eut lieu en 1784.

La réputation dont il jouissait, quoique l'on ne pût citer de lui que des travaux peu nombreux, fixa l'attention de M. *de Joubert*, intendant des États de Languedoc. Cet administrateur recommandable voulut fournir à Raymond une occasion de déployer ses rares talens, et lui demanda des plans considérables pour Nîmes et quelques autres villes du midi. Raymond y consacra ses veilles; les plans furent soumis à M. *de Joubert,* qui les accueillit; mais il ne pouvait les faire exécuter sans la sanction des États: ceux-ci furent arrêtés par les dépenses qu'ils auraient nécessités, et Raymond perdit le fruit de ses veilles.

M. *de Saint-Priest* l'avait chargé de quelques changemens et réparations à faire dans son hôtel du faubourg du Roule, lorsque je me décidai à élever une maison dans la rue du Gros-Chenet. Je desirais que ma femme y eût un atelier commode, et moi j'y voulais une galerie propre à recevoir une collection de tableaux précieux et autres objets d'arts que je rassemblais depuis vingt ans. Le terrain était irrégulier, l'emplacement étroit; c'es ici que l'on voit tout ce que peuvent les efforts, les ressources du génie; les besoins du propriétaire sont dans un accord parfait avec les régles de l'art; tout se trouve dans les plus belles proportions. L'économie la plus rare a veillé à la construction, le goût le plus pur a présidé au décor des plafonds, aux frises, aux ornemens intérieurs et extérieurs, qui, tous composés et dessinés par Raymond, ont été suivis et exécutés avec la plus scrupuleuse exactitude.

Raymond était né laborieux; un travail trop assidu avait fini par altérer sa santé. Il eut une attaque de paralysie qui fit craindre pour ses jours: le savoir et les soins du célèbre *Janroy* (neveu), l'un de nos plus grands médecins, triomphèrent de la maladie, et Raymond y survécut pendant plus de vingt ans.

Nommé associé correspondant du Lycée de Toulouse en 1801, il fut reçu à l'Institut en 1803, et placé au Conseil des bâtimens près le Ministre: il obtint le titre et les fonctions d'architecte des maisons de l'Empereur.

Il avait été choisi pour faire le plan d'un arc de triomphe sur l'emplacement de l'Etoile, au-dessus de Chaillot. Ses dessins avaient été agréés, un décret avait ordonné la construction, lorsqu'on se plut à exagérer les dépenses que les colonnes occasionneraient. On lui donna dès-lors M. *Chalgrin* pour adjoint. Il eût fallu partager la gloire qu'il espérait retirer seul; l'intérêt ne put l'engager à faire un pareil sacrifice; il se retira.

Toute l'ambition de Raymond était de faire un monument qui pût donner à la postérité une idée de son talent; mais, comme on vient de le voir, il était sans cesse contrarié dans cette ambition louable. Modeste, il ne se plaignait pas; sensible, il en concevait un profond chagrin. Il était heureux dans son intérieur, grace à la tendresse, à la douceur d'une femme estimable que le sort lui avait associée. Elle lui fournissait même, par une sage économie, les moyens de satisfaire son amour pour les arts. Tout ce qui tenait à celui qu'il avait embrassé était l'objet de ses desirs, et quand il pouvait les contenter, c'était pour lui une sorte de bonheur. La collection qu'il avait formée est la seule fortune qu'il laisse.

Raymond est mort le 28 janvier de cette année. Comme artiste, c'était un talent du premier ordre; comme homme, c'était la probité, le désintéressement et l'honnêteté même; doué d'un cœur sensible, il eut des amis et mérita d'en avoir: j'ai été le sien pendant quarante-sept ans, et au regret profond que m'a causé sa perte se joint celui de ne pouvoir offrir que ce faible hommage à sa mémoire.

La collection qu'il a laissée est si rare et si précieuse, que je crois devoir la décrire en détail, d'autant qu'elle est de nature à être citée dans les annales des arts. Il commença à la former pendant son séjour en Italie, puis l'augmenta, l'embellit successivement des objets qu'il acquit dans les ventes de *Mariette* en 1775, de *Soufflot*, du baron *de Breteuil*, en 1786, du chevalier de *Saint-Martin* et de *Lebrun* en 1791, enfin dans toutes celles qui ont suivi jusque et y compris celles de *Robert* et de *Vien*. La plupart de ces objets portent un signe qui indique les cabinets d'où ils sont sortis, et les amateurs qui les acheteront peuvent fixer leur choix avec d'autant plus de confiance, qu'il aura été devancé par celui de Raymond.

DESCRIPTION
DES OBJETS D'ART
RÉUNIS PAR FEU M. RAYMOND.

TABLEAUX DES TROIS ÉCOLES.

JOSEPH RIBERA, *dit* L'ESPAGNOLET.

1. Saint Pierre, vu de grandeur naturelle et à mi-corps, tenant les clefs. Tableau savant du beau faire de ce maître, en hauteur, sur toile.

RICCI (SÉBASTIEN).

2. Plusieurs Saints, dont S. Ambroise, S. Roch, S. Sébastien, à qui un Ange montre le triomphe de la Vierge dans le ciel. Riche composition d'une belle couleur. Cintré du haut; de moyenne grandeur; sur toile. Il provient de la vente de M. Vien, Sénateur, n.° 2 du catalogue.

CANALETTI (ANTOINE).

3. Deux Tableaux, savoir : la Vue de l'entrée du grand Canal de Venise, de la Douane et de l'Eglise; et l'autre une Vue de la Place Saint-Marc, prise du grand Canal; pendant du précédent. Petits tableaux, sur toile.

PANINI (JEAN-PAUL).

4. La Vue de la Place S.-Pierre, de l'Eglise et du

Vatican. Tableau fidèle de ce beau lieu, de moyenne proportion, sur toile. Il vient de la vente de Robert.

5. Saint Paul prêchant au milieu de ruines d'architecture. Petit tableau en hauteur.

6. L'Arc de la Fontaine de Trèves, dont le point de vue est presque pris en face. Il provient de la vente de Robert, peintre; n.° 20 de son catalogue. Petit tableau, sur toile.

JOSEPIN CADES.

7. La Vierge et l'Enfant Jésus contemplés par deux Anges. Figures à mi-corps. Petit tableau d'une riche couleur et d'une composition neuve. Sur toile.

GÉRARD DOW.

8. La Madeleine dans une grotte éclairée à la lueur d'une lampe. Elle est en prière devant le Christ, un grand livre de prières devant elle; vue à mi-corps. Tableau d'une belle harmonie et du plus beau faire de ce maître. Sur bois, en hauteur.

ADRIEN VANDEN VELDE.

9. La vue d'une prairie où l'on remarque sur le devant douze différens bestiaux, un pâtre endormi et une femme qui trait une vache. Ce fin et précieux tableau est terminé par une rivière, des maisons et masse d'arbres. Petit tableau sur toile.

ALDER VAN EVERDINGEN.

10. Une vue de la Norvège, où l'on voit des torrens

qui traversent des roches, sur lesquelles sont plusieurs habitations en bois. Ce maître, imitateur fidèle de la nature, est l'égal de J. Ruysdaal. Moyen tableau en travers, sur toile.

GLAUBERT *et* GÉRARD LAIRESSE.

11. Un riche Paysage d'Arcadie, orné de quatorze figures, dont huit occupées à se baigner; d'autres jouant de divers instrumens. La noblesse du lieu, la belle distribution des masses d'arbres et le grand style du tout en forment un des beaux ouvrages de ce maître. De forme en travers, sur toile, moyenne grandeur.

GABRIEL METZU.

12. Une femme de grandeur naturelle, et vue à mi-corps, la main droite devant sa poitrine, ajustée dans le costume du temps, vêtue de noir; le tout sur un rideau rouge. Moyenne grandeur, en hauteur.

JEAN DEWIT.

13. La vue d'une Eglise de Protestans, orné de différentes figures; le tout frappé de divers effets de soleil. Petit tableau en hauteur, sur bois.

J. P. 1624.

14. Un Chimiste vu dans l'intérieur de son laboratoire, à qui un jeune garçon apporte dans une bouteille le résultat d'une opération chimique. Ce maître, qui ne nous est pas connu, paraît avoir cherché D. Teniers. Tableau en travers sur cuivre.

ÉCOLE D'ADRIEN VANDENVELDE.

15. Une Prairie où l'on voit cinq vaches et deux moutons. Petit tableau précieux rempli de vérité. En travers, sur bois.

FRANCISQUE MILLET.

16. Un Paysage orné de fabrique antique, coupé de chemins et masse d'arbres. Ouvrage digne de Nicolas Poussin. Petit tableau de forme ronde.

17. Deux très-petits tableaux dans le même genre.

DIFFÉRENS MAÎTRES.

18. Neuf différens tableaux qui seront détaillés.

E. DIETRICI.

19. Un Paysage avec cinq différens bestiaux ; imitation de Rooss de Tivoli. Petit tableau en hauteur, sur toile.

LE MAIRE POUSSIN.

20. Des Monumens d'architecture grecque, où l'on voit sur le devant Pasiphaé accompagnée de sa suivante, et appuyée sur le taureau de Marathon, ordonnant la construction d'une vache en bois qu'un sculpteur est occupé à achever. Plusieurs autres figures enrichissent cette composition qui est du plus beau style. Il provient de notre vente d'avril 1791, n.° 167.

ÉCOLE DE NICOLAS POUSSIN.

21. Bacchus élevé par les Corybantes. Composition de onze figures ; de forme en travers, moyenne

grandeur. Ce tableau ne doit pas être confondu avec des copies que l'on rencontre, vu qu'il offre de grandes beautés.

SUBLEIRAS.

22. Deux esquisses avancées ; l'une représentant le Christ donnant l'institut à une religieuse; l'autre l'intérieur d'un hôpital. Ces deux petits tableaux exécutés en grand sont au palais Doria, à Rome.

23. L'Apothéose d'un Saint. Composition de onze figures; esquisse avancée, d'une belle couleur.

24. L'étude d'un Evêque vu assis en habits pontificaux, donnant la bénédiction.

J. M. VIEN.

25. Le Christ attaché à la colonne par les bourreaux pour être flagellé. Belle composition de huit figures. Petit tableau; esquisse faite en Italie.

HUBERT ROBERT.

26. Une Statue équestre en bronze, élevée au milieu d'une colonnade circulaire traversée par une caravane et divers bestiaux. De forme ovale en travers ; esquisse exécutée en Italie.

27. Première pièce d'entrée dans le Musée Napoléon ; Esquisse d'un effet piquant. Une Étude de Roche et Chute d'eau enrichies de vieille fabrique. Elles viennent de sa vente, n.° 103.

M. le chevalier MENAGEOT.

28. Sémélé demandant à Jupiter de la venir voir dans toute sa pompe. Petite esquisse faite en Italie.

CALAIS.

29. Une jeune Bacchante jouant du tambour de basque, figure à mi-corps de forme ovale; petite esquisse touchée avec goût.

Dessins des trois écoles, montés et en feuilles.

ALLÉGRI-ANTOINE *dit* LE CORÈGE (Parme).

30. Deux dessins : l'un, une tête d'Ange, l'autre un croquis, étudiés de la coupole de Parme.

BANDINELLI-BARTHOLOME BACCIO (Florentin).

31. Dix figures en trois groupes principaux exécutés à la plume sur papier blanc, monté sous verre.
32. L'enlèvement d'une Sabine, à la plume, lavé à l'encre de la Chine, sur papier blanc.
33. Trois dessins, dont un d'après Michel Ange.

BARBIERI J. F. *dit* LE GUERCHIN (Bologne).

34. Une composition de quatre figures, dont une femme montée sur un âne, accompagnée d'un homme qui fait ses adieux à un homme et une femme sur le devant de leur porte; à la plume, lavée au bistre, sur papier blanc, monté sous verre.
35. Un homme qui veut tuer sa femme. Dessin étonnant d'expressions, à la plume, lavé au bistre, monté sous verre. Il faisait partie du n.° 177 de la vente de l'Empereur.
36. La Vierge assise tenant sur elle l'Enfant Jésus qui

s'occupe à cueillir une fleur placée dans un vase. Ce beau dessin est exécuté à l'estompe et à la sanguine sur papier blanc. Le plus grand style et la richesse de la couleur se font sentir dans cette belle production, qui est montée sous verre.

37. Une étude ou croquis d'un tableau plus considérable ; trois figures ; à la plume, lavé au bistre, monté sous verre.

38. Deux dessins à la plume, lavés au bistre, sur papier blanc.

39. Cinq dessins du Guerchin à la plume et à la sanguine, sur papier blanc.

WILLEM-GUILLAUME BAWR.

40. La vue d'un des palais de Gènes enrichie de beaucoup de figures ; morceau des plus fins de ce maître, exécuté à la gouache ; monté sous verre.

BÉRÉTINI *dit* PIETRE DE CORTONE.

41. Tullie faisant passer son char sur le corps de son père. Dessin capital à la plume, composé de vingt figures, lavé au bistre, sur papier blanc, monté sous verre. On l'a gravé à l'eau forte. Il provient de la vente de l'Empereur, n.° 219 du catalogue de sa vente.

SÉBASTIEN BOURDON.

42. La Circoncision, composition de neuf figures à la plume, lavée au bistre, rehaussée de blanc ; montée sous verre.

E. D. BOUCHARDON.

Une bataille, composition de douze figures principales à la sanguine, sur papier blanc; montée sous verre.

MICHEL-ANGE BUONAROTI (Florence).

44. Une feuille sur laquelle est un croquis à la plume; dix figures d'hommes, de femmes et d'enfans; dessin précieux de première rareté monté sous verre.

45. L'étude d'un Christ en croix exécutée à la pierre noire sur papier blanc. L'on ne peut voir rien de plus fin ni d'une étude plus parfaite.

46. Une autre étude du Christ en croix, à la plume, sur papier blanc, exécutée avec cette chaleur et ce sentiment admirables qu'on lui connaît; montée sous verre.

47. Divers croquis; étude de neuf figures, dont une d'un Christ en croix et des larrons; d'un cavalier vu par le dos, et de quatre autres figures occupées à un jeu; à la plume, au bistre. L'on ne peut voir une plume plus fine ni plus spirituelle; montés sous verre.

48. Quatre dessins à la plume de diverses études.

49. Trois dessins à la plume.

JOSEPIN CADES.

50. Deux figures de cariatides de femmes; aux deux côtés, d'un cartouche surmonté de deux enfans. Très-beau dessin du style le plus élevé, exécuté à la plume, lavé à l'encre de la Chine, sur papier blanc; monté sous verre.

51. Deux cadres contenant chacun trois dessins de forme

ronde; sujets d'enfans à la plume, sur papier gris, rehaussés à l'encre jaune et au blanc; montés sous verre.

52. Quatre dessins; sujets de sacrifices; paysages et ornemens.

53. Sept dessins; sujets cariatides lavés au bistre.

54. Quinze autres d'Apôtres; cariatides et autres.

55. Six autres représentant des Victoires; frises d'enfans.

CALDARA POLIDOR, *dit* LE CARAVAGE (Rome).

56. Persée présente la tête de Méduse au géant; dessin à la plume lavé au bistre, sur papier blanc.

57. Le triomphe d'un Guerrier, dessin d'un bas relief; composition de dix à douze figures à la plume, lavée au bistre, sur papier blanc.

58. Une frise de Triton, chevaux marins de cariatides, et panneaux; à la plume, lavée au bistre, rehaussée de blanc sur papier bleu. Ces trois dessins sont montés sous verre.

59. Quatre dessins à la plume lavés au bistre.

ANTOINE CANAL *dit* CANALETTI. (Venise).

60. Une vue de Venise représentant l'église des Jésuites, exécutée à la plume, lavée à l'encre de la Chine, sur papier blanc. Dessin capital de la vente Mariette, partie du n.° 274, monté sous verre.

61. La porte de la ville de Padoue dessinée à la plume et lavée à l'encre de la Chine, sur papier blanc. Ce fin et précieux dessin sort de la collection de

Mariette, n.° 274 du catalogue ; monté sous verre.

62. Une vue de Venise ; le devant enrichi de galères, barques, gondoles, et autres, avec figures au crayon, lavée au bistre, sur papier blanc, montée sous verre.

63. Vue de la place Saint-Marc et du palais des Doges ; à la plume, lavée à l'encre de la Chine.

LOUIS CARACHE.

64. La Vierge assisse tenant sur elle l'Enfant Jésus ; dessin à la plume lavé au bistre, de forme octogonne, monté sous verre.

ANNIBAL CARACHE.

65. Jupiter et Léda ; à la plume, dessin lavé à l'encre de la Chine, sur papier blanc, monté sous verre.

JACOB CAVEDONNE (Bologne).

66. Un Rosaire ; dessin à la plume et au bistre, sur papier blanc.

ANTOINE VANDYCK.

67. Trois dessins, dont le Christ au tombeau, et deux études : l'une du Diable, à qui Saint-Martin fait l'aumône, et une tête d'homme.

JEAN-BAPTISTE FRANCO, *dit* LE SÉMOLEO (Venise).

68. Un volume maroquin, papier bleu, contenant quatre-vingt-sept dessins d'après l'antique, Raphaël et autres, à la plume, sur papier blanc, la plupart doubles.

69. Un volume plus petit contenant trente-un dessins de même genre que le précédent.

PAUL FARINATI (Venise).

70. L'Enlèvement d'Europe; composition de cinq figures, à la plume, sur papier bleu, rehaussée de blanc, de la collection Mariette, partie du n.° 400, et se trouve gravée dans le cabinet Crozat. Montée sous verre.

GELÉE-CLAUDE, *dit* LE LORRAIN.

71. Un Paysage dessiné à la plume; sur papier blanc, lavé au bistre. Dans le fond, sur la droite, on voit le temple de la Sybille Tiburtine; une seule figure se voit assise au bord de l'eau, à l'ombre; dessin du plus bel effet et de première conservation, monté sous verre.

72. Deux dessins; Ruines d'architecture et Paysages; à la pierre noire et blanche, sur papier gris.

73. Sept dessins; études de Paysages lavés, et plusieurs légèrement coloriés.

M. GIBLIN.

74. Deux dessins à la plume, lavés à l'encre de la Chine, sur papier blanc; l'un représentant Achille sur les rives du Scamandre.

FRANCESCO-SANÈSE, *dit* LE GIORGION.

75. Un pendentif représentant un Saint environné de plusieurs Anges; à la plume, sur papier bleu, rehaussé de blanc, monté sous verre.

LAURENT DE HYR.

76. Le Christ qui, après sa résurrection, apparaît aux trois Maries; première pensée du tableau, qui était aux Carmélites, et qui est maintenant au Musée Napoléon; exécuté à la pierre noire, et lavé à l'encre de la Chine, monté sous verre. Il provient de la vente de l'Empereur, n.° 466.

J. JOUVENET (François).

77. Le Christ guérissant les malades, et une tête à la sanguine représentant le frère Perotton de l'Oratoire.

M. LAGRENÉ jeune.

78. Un mélange de divers objets d'après l'antique, tels que Cuirasses, Trépieds, Vases, Amphores; à la plume, lavé au bistre, rehaussé de blanc, sur papier blanc, monté sous verre.

79. Deux dessins de forme ronde représentant des Ruines, enrichies de Groupes de figures; à la plume, lavés au bistre, rehaussés de blanc, montés sous verre.

80. Trois dessins d'après Polidor, par Lagrené jeune, et autres; à la plume, lavés au bistre, montés sous verre.

CHARLES LEBRUN.

81. Le combat des Centaures et des Lapithes; première pensée du plafond qu'il exécuta à la galerie de l'hôtel Lambert; dessiné à la plume, lavé au bistre, sur papier blanc, monté sous verre.

RAYMON DE LAFAGE.

82. Un dessin : il représente un mort qui ressuscite ; en sortant de la tombe quatre personnages s'enfuient effrayés ; dans le fond on voit des détachemens de cavaliers ; à la plume, sur vélin, lavé à l'encre de la Chine, monté sous verre.

83. Deux dessins : l'un représente une bacchanale de Satyres, Faunes et Bacchantes ; l'autre le triomphe de Bachus et d'Ariane ; dessins à la plume, lavés à l'encre de la Chine, sur papier blanc, montés sous verre.

84. Une autre Bacchanale et fête en l'honneur du dieu des jardins ; dessin fin et précieux de la collection Mariette. Il est gravé dans son œuvre, et monté sous verre.

85. Saint Jean l'Évangeliste ; idée d'un plafond à la plume, lavé à l'encre de la Chine, sur papier blanc, monté sous verre.

LOUIS-FÉLIX DELARUE.

86. Junon faisant déchaîner par Eole les vents contre la flotte d'Énée ; composition de treize figures, à la plume, lavée à l'encre de la Chine, et d'un peu de bistre ; dessin capital monté sous verre.

87. Deux dessins composés chacun d'une Femme ; l'une debout, et l'autre de profil ; au pinceau, lavés au bistre, sur papier blanc, montés sous verre.

88. Un panneau d'arabesque ; à la plume, lavé au bistre, composé de Femmes, d'une cariatide d'Enfans ; dessin de la plus belle manière de ce maître. Il est sous verre.

89. Une feuille contenant cinq dessins; sujets de Satyres, de Femmes et d'Enfans; à la plume, lavés à l'encre de la Chine, sur papier blanc, montés sous verre.

90. Quatre dessins, dont deux frontons et deux sujets de bas-relief, montés sous verre.

LARUE, Peintre.

91. La vue d'un Camp où l'on voit, sur le devant, les principaux officiers à cheval; dessin à la plume, lavé au bistre, et à l'encre de la Chine. Précieux dessin de ce maître, sous verre.

LANTARA.

92. Deux dessins à la pierre noire et au crayon blanc, sur papier bleu. L'un représentant l'entrée d'une Ville et vue de Rivière; l'autre vue, de Roche, rivière et Moulin à eau, montés sous verre.

93. Deux autres plus petits : l'un représente une chute d'eau et l'autre un dessous de voûte de roche avec lointain, à la pierre d'Italie, sur papier blanc.

LINGODZZI.

94. L'Annonciation, composition de cinq figures; à la plume, lavée au bistre, rehaussée de blanc, sur papier gris; dessin qui a été attribué au Baroche, monté sous verre.

95. Une sainte Famille de cinq figures; dessin à la plume et à l'encre de la Chine, rehaussé d'or.

Le chevalier CARLE MARATTE.

96. L'apothéose de Sainte-Cécile; composition de pla-

fond enrichie de deux figures d'Anges et de Chérubins; dessin à la plume, rehaussé de blanc, sur papier gris, monté sous verre.

M. MENAGEOT, de la Légion d'Honneur.

97. Junon et Minerve conduites par la Vengeance sont arrêtées dans leur course par Iris; beau dessin à la plume, lavé au bistre, rehaussé de blanc, sur papier gris. Sujet tiré d'Homère, monté sous verre.

MOITTE, sculpteur.

98. Un dessin représentant un serment militaire; en bas-relief à l'encre de la Chine, rehaussé de blanc.

JÉRÔME MUTIEN (Milan).

99. Un Saint ressuscitant un mort. Composition de vingt figures à la plume; dessin lavé au bistre sur papier bleu, rehaussé de blanc, monté sous verre.

CHARLES NATOIRE.

100. L'Adoration des Rois; composition de sept figures, dessin lavé au trait, crayon sur papier jaunâtre, et monté sous verre.

JEAN PAUL PANINI.

101. La vue d'une galérie du côté de l'Eglise de Saint-Pierre de Rome, où l'on voit le tombeau de la femme du Prétendant; dessin colorié venant de la collection du baron de Breteuil, n.° 63 de notre catalogue. Il est monté sous verre.

102. Trois dessins, dont la cour du Palais Farnèse, où l'on voit les statues d'Hercule et de la Flore, venant de la vente du baron de Breteuil, n.° 52; légèrement coloriés.

103. Quatre dessins coloriés: Ecurie de Messine et le Porche de l'Eglise de St.-Pierre.

104. Six dessins composés d'architecture, ruines et sujets; à l'encre de la Chine.

105. Sept dessins sur papier bleu et blanc. Paysages et architecture.

106. Six sujets de ruines et d'histoire, à l'encre de la Chine sur papier blanc.

JOSEPH PIN.

107. La Vierge tenant sur elle l'Enfant Jésus, et sainte Catherine à ses genoux; dessin à la pierre noire sur papier blanc.

108. Apollon et Marsyas; dessin à la plume, lavé à l'encre, et rehaussé de blanc sur papier gris; de forme ovale. Ces deux articles sous verre.

PIPI *dit* JULES ROMAIN.

109. Un riche bas-relief représentant une marche de soldats; à la plume, lavé à l'encre. Dessin capital de premier ordre, monté sous verre.

110. David jouant de la harpe, dessin à la plume sur papier blanc, lavé au bistre, monté sous verre.

111. L'Enlèvement de Proserpine; dessin à la plume, lavé au bistre; Combat des Amazones, à la plume sur papier blanc.

112. Un Festin, dessin capital à la plume et lavé au bistre.

113. Quatre dessins; savoir, deux bas-reliefs et deux ornemens.

114. Quinze dessins, dont les douze signes du Zodiaque et trois vases, à la plume, lavés au bistre, sur papier blanc.

115. Etudes de tête, frises et ornemens, à la plume, lavé au bistre, sur papier blanc.

116. Quatre dessins; sujets, Griffon et Mascaron; à la plume, lavés au bistre.

117. Treize dessins, études d'animaux.

118. Dix-sept dessins divers; Chimères et Animaux.

119. Six autres sujets divers; à la plume et au bistre.

JOSEPH PORTA *dit* SALVIATI.

120. Le Christ mort, sur les genoux de la Vierge, soutenu par S. Jean et la Madeleine; composition de six figures à la plume, sur papier blanc.

121. Trois dessins, sujets de plafond, dont un Fleuve et Psyché.

122. Deux femmes plongées dans la douleur, représentant l'Asie, environnée des dépouilles des vaincus; dessin à la plume, lavé au bistre, sur papier blanc. Ces deux articles sont montés sous verre.

123. Deux dessins à la plume et au bistre, l'un retouché par Rubens.

NICOLAS POUSSIN.

124. L'Adoration des Rois; dessin à la plume sur papier blanc, lavé au bistre. Belle composition de douze figures. Ce dessin rare et capital a passé dans plusieurs belles collections renommées. Il est monté sous verre.

125. L'Adoration des Rois; composition de quatorze figures à la plume, lavée au bistre, sur papier blanc. Dessin capital du plus beau de ce maître.

126. Le Père Eternel accompagné de deux Anges et du Saint-Esprit; dessin à la plume; lavé au bistre sur papier blanc.

127. Plusieurs Monumens antiques de sculpture et d'architecture, à la plume; dessin lavé au bistre, sur papier blanc, monté sous verre.

128. L'Apothéose de Sainte Agnès, d'après le Dominicain; petit plafond de la Chapelle St.-Louis, à Rome; composition de neuf figures à, la plume, lavé au bistre, sur papier blanc, monté sous verre.

129. Six dessins, sujets, paysages et têtes; à la plume, lavés de bistre, sur papier blanc.

130. Quatre dessins, dont deux sujets, et deux d'après l'antique.

FRANÇOIS PIMATICE *dit* BOLOGNE.

131. Deux cadres, contenant chacun quatre dessins isolés de chacun un Ange portant un des attributs de la Passion; à la plume, lavés à l'encre de la Chine, rehaussés de blanc, montés sous verre.

132. La Tempérance assise; dessin à la plume, lavé au safran, monté sous verre.

DESSINS PAR FEU M. RAYMOND.

Les dessins de cet artiste justifieront pleinement tout ce que nous avons dit dans le cours de cette description; on voit qu'il a puisé son goût exquis au milieu des plus parfaits modèles de l'antiquité; que le style sévère lui était familier, que son génie était aussi fécond que varié dans ses différentes manières, qu'il a traité les mêmes sujets avec autant de succès que de goût, et qu'il vous jette dans l'embarras du choix. L'exécution en est ferme, hardie, correcte et pleine de feu. Quoiqu'il ait été laborieux, ses dessins sont peu répandus et fort rares; aussi ne doutons-nous pas qu'ils ne puissent être utiles à bien des artistes qui s'en saisiront, soit pour augmenter leurs collections, soit pour tirer partie de ses idées. Il est à regretter que sa modestie l'ait empêché de les faire graver.

133. Six feuilles de dessins arabesques faits à Rome, à la plume et au bistre.
134. Douze dessins, costumes et vues diverses; *idem.*
135. Six feuilles de diverses études faites à Rome; *idem.*
136. Six, *idem.*
137. Six feuilles de vases variés, faits à Rome.
138. Six dessins, savoir, deux tombeaux, des trophées, cartouches et bas-reliefs.
139. Six dessins, sujets de vases, frises, etc.
140. Six dessins, études d'après l'antique, de statues, candélabres, etc., faits à Rome.
141. Huit dessins, vues d'escaliers, à la plume et au bistre.
142. Six dessins, vases, fontaines et arabesques.
143. Six dessins à la plume, au bistre et à l'encre de la Chine, représentant deux monumens triomphaux, deux tombeaux, une porte et un bas-relief.
144. Huit dessins, savoir: un maître-autel, un tom-

beau, un intérieur du temple d'Apollon, trois prisons, etc.

145. Six dessins, dont deux tombeaux, une fontaine, deux bas-reliefs, etc.

146. Six dessins, savoir : le grand escalier du Vatican, Vue de St.-Pierre et du Baldaquin, tous deux coloriés; trois vues du Capitole, et une de Prison.

147. Six feuilles de dessins de fontaines, tombeaux et trophées, à la plume, etc.

148. Six dessins de fontaines, tombeaux et autels.

149. Cinq dessins de fontaines.

150. Fontaines et tombeaux.

151. Tombeaux et fragmens d'ornemens.

152. Sept dessins : Vue du Capitole, feux d'artifice, prison, etc.

153. Six dessins de fontaines, tombeaux et ornemens.

154. Six dessins, compositions d'architecture, coupes, candélabres, etc.

155. Six dessins de la Croix de St.-Pierre, du Capitole, etc., vus éclairés de nuit.

156. Six dessins de tombeaux triomphaux.

157. Six dessins de fontaines et monumens.

158. Sept dessins de tombeau triomphal et piédestal.

159. Un portefeuille contenant des plans d'architecture, qui seront divisés.

160. Un autre portefeuille contenant des croquis au trait, des contre-épreuves et autres, qui seront détaillés, s'il y a lieu.

167. Six estampes d'après Raphaël et autres.

168. Des calques de divers dessins, de plafonds, d'animaux et arabesques, sur papier verni.

DE WAILLY.

169. Le dôme et la façade de St.-Pierre illuminés le jour de la fête, environnés de la colonnade et de tous les bâtimens environnans, enrichis de voitures et de peuple; effet de nuit, dessin lavé au bistre et l'encre de la Chine, sur papier blanc, monté sous verre.

RENI GUIDO.

170. Saint Pierre repentant, vu assis; dessin capital à la plume, lavé au bistre, rehaussé de blanc. L'on sait de quelle manière cet habile peintre a traité les têtes de vieillards. La finesse de sa touche est admirable, le style de ses draperies du plus grand goût. Outre la perfection de ce précieux morceau, l'on connaît la rareté de ses dessins terminés, et nous regardons celui-ci comme un de ses plus remarquables. Il est monté sous verre.

REMBRANDT VAN-RHIN.

171. Deux Lions en regard; dessin à la plume, lavé au bistre, monté sous verre.

172. Quatre dessins, dont le jeune Tobie faisant recouvrer la vue à son père; et trois autres très-fins.

173. Huit dessins, par Rembrandt, Teniers et Rothenamer.

174. Quatre dessins, par Rembrandt et Vandick.

175. Quatre dessins, paysages, par Rembrandt, Koning et Roemans, à la plume et lavés au bistre.

176. Trois dessins ; deux par J. Asselin et Moucheron jeune, lavés à l'encre et au bistre, sur papier blanc.

177. Quatre dessins, paysages, par Rockmans et Koning.

RIVALSE.

178. Les Amours de Mars et de Rhéa, dessin lavé au bistre, rehaussé de blanc sur papier jaune, monté sous verre.

HUBERT ROBERT.

179. Deux dessins, l'un représente un point de vue du haut du Capitole ; l'autre, la vue d'un bel Escalier. Dessins à la plume, coloriés, de forme ronde, sous verre.

RAPHAEL D'URBIN (Rome).

180. Une vaste composition de plus de soixante-deux figures, représentant une grande cérémonie ; dessin légèrement tracé à la plume, lavé au bistre et rehaussé de blanc, du premier ordre et des plus capitaux. Nous y avons joint l'estampe gravée par M. Denon ; monté sous verre.

181. La descente des Sarrasins au port d'Ostie ; sujet traité de deux manières au verso et recto de la même feuille, à la plume, sur papier blanc. Ce dessin célèbre par les collections de Crozat et autres cabinets où il se trouve gravé, sort en dernier lieu de la vente du chevalier de Saint-Martin, n.° 49 de son catalogue du 7 mai 1806. Les deux eaux-fortes y sont jointes, le tout en feuilles.

182. La Vierge vue à mi-corps, embrassant l'Enfant Jésus appuyé sur sa poitrine ; figures de gran-

deur naturelle à la pierre noire et au crayon blanc sur papier gris ; dessin sous verre, de forme ronde dans sa bordure carrée.

183. Le Baptême de Jésus par S. Jean dans le Jourdain, composition de neuf figures; dessin à la plume, sur papier blanc, monté sous verre. Il provient de la vente de notre cabinet en avril 1791, n.° 236.

184. Une feuille où l'on remarque, sur le bas, le Christ mort, porté par deux femmes. Ces trois figures nues. Plus haut, une étude de main, deux têtes de vieillards, la tête de la Vierge, et une troisième tête de vieillard, et un bras légèrement indiqué ; dessin à la plume en achures perpendiculaires et croisées; monté sous verre. Il vient de la vente de Mariette, n.° 691.

185. Le Christ couronnant la Vierge élevée sur un trône, environnée de plusieurs Saints; dessin à la plume sur papier blanc.

186. Esquisse de onze figures; dispute du S. Sacrement; dessin au bistre, rehaussé de blanc, sur papier gris. Il vient de la collection de Mariette, n.° 687.

187. Premiere pensée de la Vierge, connue sous le nom de la Jardinière; à la plume, sur papier blanc.

188. Une tête d'Apôtre, pour la Transfiguration; étude au crayon, noir sur papier blanc.

BARTHÉLEMI SCHIDONE.

189. Un *Ex voto*; composition de dix-huit figures; à la plume, lavé au bistre, sur papier blanc. Il est monté sous verre.

JACQUES ROBUSTI, *dit* LE TINTORET.

190. Saint Sébastien à qui les saintes Femmes retirent les flèches ; composition de huit figures ; à la plume, lavée au bistre, sur papier blanc, montée sous verre.

JEAN DE UDINE *ou* RICAMATORI (Vénitien).

191. Deux frises à sujets et rinceaux d'ornemens, exécutées à la plume, lavées à l'encre de la Chine sur papier blanc. Ces deux rares morceaux sont des mieux terminés de ce maître.

FRANÇOIS VANNI (de Sienne).

192. Saint Antoine recevant l'Enfant Jésus des mains de la Vierge, tandis qu'un de ses compagnons est occupé de la sainte Ecriture ; dessin précieux provenant de la collection de M. de la Noue, exécuté à la sanguine, rehaussé de blanc, et lavé, sur papier jaune. Le tableau se trouve dans la collection de son Eminence le cardinal Fesch.

193. Saint François en méditation ; figure à mi-corps, dessinée à la sanguine et à la pierre noire, sur papier blanc. Ces deux articles sont sous verre.

M. FRANÇOIS-ANDRÉ VINCENT.

194. Le Paralytique guéri à la piscine. Première étude du tableau qui a été exposé au Salon du Louvre en 1783, et qui est à Rome.

Cette belle composition de plus de vingt à trente figures nues, exécutée à la plume et au bistre, est une preuve du grand et beau talent de cet artiste, qui nous laisse à regretter que sa santé nous prive de ses productions. Il est monté sous verre.

DOMINIQUE ZAMPIERI *dit* LE DOMINICAIN.

(Bologne).

195. La Communion de S. Jérôme, croquis à la sanguine du célèbre tableau connu au Muséum.

THADÉE ZUCCARO. (Rome).

196. Le Christ au Jardin des Olives, d'après Antoine Corrège. Le tableau est au Palais de Madrid. Il est exécuté à la pierre noire et à la sanguine, sur papier blanc, monté sous verre. Il a orné plusieurs collections célèbres.

FRANÇOIS ZUSTRIS.

197. L'Annonciation; composition de douze figures à la plume, lavée à l'encre de la Chine, rehaussée de blanc, sur papier bleu; montée sous verre.

Lots de Dessins de différens maîtres des trois Écoles.

198. Deux têtes d'hommes; études de grandeur naturelle, sur papier gris, dont une par le Guerchin, ayant une main appuyée sur un bâton; à la pierre noire, sur papier gris, monté sous verre.

199. Six dessins, par les Carache, le Guide, Parmesan, etc.

200. Trois dessins, dont deux représentant des Fleuves, et un S. François du Carache.

201. Huit dessins, par le Guide, Michel-Ange, Rothemamer, etc.

202. Treize dessins, par Léonard de Vinci, Tintoret, Parmesan, etc.

203. Quatorze dessins, par Titien, Perin del Vaga, Carache, etc.

204. Douze dessins, par Cangiage, J. Belin, Molla, Jules-Romain, Guerchin.

205. Trois dessins, par Annibal Carache, Denis Calvard et Fra Bartholomeo.

206. Quatre dessins par Michel-Ange, Annibal Carache et les deux Guerchin.

207. Neuf dessins par Annibal Carache, Geminiani, Romanelli, etc.

208. Six dessins, par l'Espagnolet, Michel-Ange, Louis Carache, etc.

209. Trois dessins de Biandinelli, Spada, et École de Raphaël.

210. Six dessins, par Jules Romain, Bolognèse, et autres.

211. Cinq dessins, par Polidor, Vazarie, etc.

212. Huit dessins, par Cortonne, Sirophere, etc.

213. Six dessins, par Salviati, Mola, Vazarie, etc.

214. Six dessins, paysages à la plume, lavés au bistre, par Guerchin et Bolognèse.

215. Cinq dessins, par Girolamo da Carpi, Batista, Franco, Jules Romain.

216. Sept dessins, sujets mascaron et fontaines, par Batista, Franco, Jules Romain.

217. Onze dessins, par le Parmesan, Jules Romain, Cortone, Paul Farinati et Louis Carache.

218. Quatre dessins, par Thibaldi, Bandinelli, Parmesan.

219. Six dessins, par Guido, Zuccaro, Parmesan, Jules Romain.

220. Six dessins du Parmesan, Michel Ange, etc.

221. Dix dessins de Vases, Trophées, par Jules Romain, Polidor, et autres.

222. Huit dessins, par Perin del Vaga, Jules Romain, etc.

223. Six dessins, par Jean de Udine, Perin del Vaga, etc.

224. Huit dessins, par Da Carpi, Cortone, Perin del Vaga, etc.

225. Sept dessins, Plafonds, par Polidor, da Carpi, etc.

226. Six dessins, Vases et Ornemens, par Paul Farinato, Polidor.

227. Dix dessins, par Benevenuto, Celenit, Polidor, etc.

228. Six dessins, par Jean Daoudinne, Perin Delvaga, et autres.

229. Quatorze dessins, étude d'architecture, Plafond, etc., par Perin del Vage et Jean Daoudinne.

230. Dix dessins, arabesques de Plafond, etc., par Vazarie Delvaga, et autres.

231. Quatre dessins, par Daniel de Voltaire, Dominicain, et autres, de Raphaël.

232. Onze dessins, arabesques, Plafonds, etc., par Lelio Orsi, Perin Delvaga, Polidor, etc.

233. Huit dessins, par Jean Daudinne, Perin Delvaga, Louis Carache, et autres.

234. Neuf dessins, par le Parmesan, les Caraches, Bandinelli, Vazarie, et Paul Veronèse.

235. Onze dessins de Plafond, Voussure, etc., par L. Carache, Vazarie, etc.

236. Sept dessins, Intérieurs et Façades de maisons, par Polidor Bibiena, Jean Daudinne, Lepautres, etc.

237. Trois Paysages à la plume, par Guerchin, dominicain, et Carache.

238. Trois dessins de Parmesan.

239. Quatre dessins de Parmesan et Josepin, à la plume et au crayon.

240. Quatre dessins par Paul Veronèse, Palmes le Jeune, et autres.

241 Trois dessins par Paul Farinati et Tiepolo, à la plume, et lavés à l'encre et au bistre.

242. Trois dessins par Zuccaro, etc.

243. Deux dessins: l'un un Amour du Corège, et l'autre de Josepin.

244. Trois dessins par Giorgion, Baroche, etc.

245. Six dessins par Lucas Jordane, Paffarelli, Chiari, Elizabeth Sirani, Becafuni, etc.

246. Quatre dessins par Pierre Testa, Carlo Maratti, Guide, etc.

247. Six dessins par Feti, Sollimenne, Pomeranci, Cangiage, etc.

248. Cinq dessins du Carache, et autres.

249. Sept dessins par Carlo Maratti, Micarin de Sienne, Vanni, Baroche, Langiage, Fontana et Tempeste.

250. Quatre dessins par les Carache.

251. Six dessins, par Polidor et autres, à la plume et au bistre.

252. Six dessins par Louis Carache, Parmesan, et Pietro Santo Bartholie.

253. Quatre dessins par Louis Carache, Polidor, et autres.

254. Deux dessins par Annibal Carache; Jupiter et Junon, et rosaire du Cavé-Donne.

255. Cinq dessins par Timothé del Vite; une étude de tête de femme au pastel, par Baroche Saint-Laurent, Tintoret, etc.

256. Six dessins par Polidor, Perin Delvaga, etc.

257. Douze dessins par Pierre Ligorio, Jules Romain, Verocchio, etc.

258. Trois dessins, par Girolamo, Sicciolante, de Sermonetta; à la plume, lavés au bistre.

259. Trois dessins par Raphaël, etc. à la plume et au bistre.

260. Six dessins, par Vanius, Guide, Passari, Pilegrino, Tibaldi.

261. Trois dessins par Louis et Annibal Carache; à la plume, et lavés.

262. Sept dessins, par Pierre Testa, l'Albane, Augustin et Louis Carache.

263. Six dessins, par Annibal Carache et Salviati.

264. Quatre dessins, par le Guide, Salimbeni, Vecchio et Denis Calvar; à la plume, lavés au bistre.

265. Six dessins, par Vanius, Augustin Carache, Louis, et autres.

266. Dessin par Claude Lorrain et Molla, au bistre, sur papier blanc.

267. Cinq dessins, par le Bourdon, Champagne, Lesueur, Testelin.

268. Sept dessins, par Jean Goujon, Larue, etc.

268. *bis.* Cinq dessins, par Lafage, Bourguignon, Wateau, etc.

269. Cinq dessins, par Lavallé Poussin, d'après l'antique.

270. Quatre dessins, par Lesueur Bourdon et Loir.

Par différens maîtres.

271. Trois dessins; savoir: la Vierge, Jésus et Saint Jean, par N. Loir; à la plume et au bistre. Plus, le croquis d'un petit Plafond, par le même, et l'apothéose de la Madeleine, montés sous verre.

272. Deux autres: la Vierge, l'Enfant Jésus, et Saint Antoine, par Benedetto Lutti. Plus, un Plafond, par Vouet; à la plume, montés sous verre.

273. Sept dessins, par Menageot, Houel, Raimond, etc.

274. Trois dessins, par MM. Vincent, Fragonard, et Parocel.

275. Trois dessins, l'un un dessous de Voûte, par Lélu; l'autre, un Vase, par Lagrené le jeune; une Décapitation, d'après un bas-relief.

276. La sainte Famille à qui le Père éternel apparaît; dessin à la plume, lavé à l'encre de la Chine, sur papier blanc, monté sous verre.

J. JOUVENET.

277. Une académie à la sanguine, sur papier blanc; et un dessin par Cangiage; sous verre.

278. Une Danse devant un feu; composition de quinze figures, ce dessin est lavé au bistre et sous verre.

279. Un portefeuille contenant des dessins et contre-épreuves, par Bouchardon; des estampes, etc. qui seront détaillées.

Recueils de volumes avec gravures, tels que Voyages pittoresques, Galeries, Antiquités, Traités d'Architecture, de Charpente et autres ouvrages du plus grand intérêt sur l'Architecture.

280. Voyage pittoresque de Naples et de Sicile, par Saint-Non; 5 volumes.

281. Bains des Romains, par Chameron; Londres, 1772.

282. 31.e livraison de la galerie de Florence.

283. Herculanum, 8 volumes; Naples, diverses années, 9.me volume; Lucerne-les-Lampes, *idem.*

284. Les Vases étrusques du chevalier Hamilton, par d'Hancarville; 4 volumes in-folio, 1766.

285. Galerie des Peintres flamands, par Lebrun; etc. 3 vol. in-folio, 201 planches.

286. Les Ruines de Palmire, par Robert Wood; 2 vol., 1753. Celles de Bàles, 1757; parchemin.

287. Les Ruines de Paestum, par Mayor; Londres, 1768.

288. Traité des Pierres gravées du cabinet du roi, par Mariette, d'après le dessin de Bouchardon.

289. Ornemens et Arabesques, par Covette, 1777, et la galerie Farnèse, par Annibal Carrache; 1 vol.

290. Les Antiquités d'Athènes, par Haberkorn, 1762, 1 volume.

291. Rome ancienne, par Barbault; 1 volume, 128 planches, 1761.

292. Les Ruines de la Grèce, par le Roy, 1770; 2 vol. en 1.

293. Les Ruines du palais des Empereurs en Dalmatie, par Robert Adam, en 1774.

294. Les Bas reliefs antiques, par Pietro Santo Bartholie; 1 volume oblong.

295. Les Peintures antiques des sépulcres de la famille Nasoni, par Pietro-Santo Bartholi.

296. Le Lucerne antiche sepolcrali, par Pietro Santo Bada.

297. Trois volumes : l'un par Pietro Santo Bartholi d'après Raphaël Polidor et Jules Romain, au palais du roi; l'autre les petites vues des monumens antiques, par Piranezi; les Sépulcres de la famille Nasoni.

298. Les Arcs de triomphe, bas relief, par Pietro Santo Bartholie; 1 volume.

299. L'éloge de Raphaël au Vatican, par Chaprou; 1 volume oblong.

300. Les Statuts antiques, par Périer, en 100 planches.

301. Les mêmes, petit format.

302. Les Monumens antiques publiés par Piranezi; 4 volumes.

303. Description des bains de Titus, par Ponce, 1786.

304. Monumenti inediti, par Winckmanne; 2 volumes cartonnés.

305. Recueil de pierres gravées par Agostini Sénèse.

306. Un lot d'Estampes, Vues, Plans, Bas reliefs, et autres.
307. Suite et détail du Vatican en 5 rouleaux.
308. Vandermul et autres, Plans, Cartes, etc.
309. Cérémonie du sacre de S. M. l'Empereur, par Percier et Fontaines, estampes gravées au trait; 1 vol.
310. Description des cérémonies qui ont eu lieu lors du mariage de l'Empereur; par les mêmes, 1810.
311. L'architecture de Vicence, par Scarnozzi.
312. L'architecture, par Davillier, tome 1.er
313. Les proportions de l'architecture, par Vignole.
314. Traité des Cinq Ordres traduit de Paladio, par Lemvet, 1647.
315. Discours sur les Antiquités de Nîmes, par J. Paldo d'Albenas.
316. Essai sur l'architecture, par Laugier, 1755.
317. Premier livre des Instrumens de mathématique, de J. Errard.
318. Les Antiquités de Rome, par Desgodetz; 1 vol.
319. Deux volumes des Palais et Eglises de Rome, par Piranési et autres.
320. Divers Palais de Bologne.
321. Diverses Architectures, par J. B. Montono Milanèse; 2 volumes en 1.
322. Les Bâtimens de la France, par Andruet Ducerceau, 1576; 2 volumes en 1.
323. Architecture civile de Guarino, 1777; 1 volume.
324. Cours d'architecture, par Blondel; 1 volume.
325. Plan de Rome, 1748, par J. B. Nolli.
326. Les Plans, Coupes et Elévations des églises de Rome, 1 volume, par Jacolus Rubeis.

327. Les plus beaux Palais de Gênes, d'après les dessins de P. P. Rubens, 3.me édition. Amsterdam, 1755.

328. L'Architecture française, par Marot, 1727; 1 vol.

329. Les Vaticans et les Monumens modernes de Rome, par P. Fontana, 1644.

330. Saint-Pierre de Rome, par P. Costaguti, 1684.

331. Palais, Maisons, et autres Edifices modernes, dessinés à Rome; par Percier et Fontaines. Paris, an 6 de la république, 1798.

332. Description de Naples; 1 volume.

333. Rome antique, par J. Rosino Bartholomé.

334. Maison en mosaïque antique de Pompei, 1796; 1 volume.

335. Les Ruines de Pestum, par de la Gárdette, an 7.

336. Recueil et Parallèle des édifices de tout genre, par J. N. L. Durand; 14 de livraisons de gravures, et 4 de texte.

337. Fragmens et Ornemens d'architecture formant supplément à l'œuvre d'architecture de Desgodets; 2 livraisons.

338. Paris et ses Monumens, par M. Balthar; 17 livraisons.

339. Choix des maisons de Rome et ses environs, par Percier et Fontaines; 6 livraisons.

340. Palais et autres Edifices modernes; 15 livraisons.

341. L'architecture Toscanne, par Famin et Grand-Jean; 12 livraisons.

342. Palais, Maisons et Vues d'Italie, par Clochard; 13 livraisons.

343. Les grands Prix d'architecture, 14 et 20. Total, 34.

344. Les Ruines antiques de Nîmes.

345. L'Architecture et les Antiquités de Vérone.
346. Les Hôtels et Eglises de Paris, par Marot.
347. Châteaux, Grottes et Eglises, par Marot.
548. Histoire du Vatican, par Bonanni.
349. Rome ancienne et moderne, par J. Beata Falda; 2 volumes en 1.
350. Recueil d'Antiquités romaines, et 60 planches; Basan.
350. *bis.* Rome antique et Rome moderne, par Nardini; 2 volumes.
551. Les Monumens étrusques, par Alexandre Donato.
352. Della Magnificenza del architectura di Roma, 1 volume.
353. Deux autres volumes, *idem.*
354. Recueil de Dessins de Paladio Vicentino; Londres, 1730.
355. Recherches sur la ville Albane, 1772.
356. Les Antiquités de la France, par Clérisseau, 1778; 1 volume.
357. Les Antiquités de la France, 1.er volume; Nîmes, par Clerisseau. Le texte, par Legrand; 1804, an 12; 2 volumes cartonnés.
358. L'Architecture de Sébastien Serlio, de Bologne.
359. Serlio Architecti (l'architecture de), en bois.
360. Pratique des Jardins; Paris, 1747.
361. De l'Architecture, par Vitruve.
362. L'Architecture, par Rusconi, en bois.
363. Des Ponts et Culées, par Gautier.
364. Du Toisé et Devis, par Bullet, 1741.
365. Traité de l'Art de bâtir, par J. Rondelet; 5 livraisons.

366. Traité de l'Architecture ou l'art de bâtir, par Cordemoy, 1714.

367. Description de l'Ecole de chirurgie, par Gondoin, 1780.

368. Les Machines employées pour l'obélisque du Vatican, par Fontana. Rome, 1743.

369. Les Bâtimens de Palladio; 4 volumes, 1774. Vicence.

370. L'Architecture de Vitruve, publiée à Londres, par Campbell; 5 volumes.

371. L'Architecture de Vitruve, publiée par Perrault; 1 volume, 1673.

372. Plans et Elévations, par Guillaume Kent, 1770; 2 volumes reliés en 1.

373. Parallèle des salles de spectacles de l'Italie, par Dumont.

374. Theatrum Basilicæ Vesanæ; 1 volume.

375. Le cose mara vigliose della alma cita di Roma, figures en bois.

376. Antonio la Bacco, monument de Rome.

377. Livres de J. Adruet Ducerceau, 1611.

378. Un autre, *idem*, 1615.

379. Les Vues de Venise, 1 petit volume oblong.

380. Plan des principales villes de l'Italie.

381. Museum odes calchum Thesaurus, etc. 2 volumes en 1.

382. L'Architecture de George Albert, figures en bois.

383. L'Architecture, par Calanco, figures en bois.

384. L'Architecture de Philibert de l'Orme, figures en bois.

385. L'Architecture de Scamozzi.

386. OEuvres de Philibert de l'Orme, figures en bois.
387. L'Architecture, par Palladio, figures en bois.
388. L'Architecture, par Alberti.
389. Les Machines de Bessoni, figures en bois.
390. L'Ordonnance des colonnes, par Perrault.
391. Parallèle des divers ordres, par Errard.
392 Parallèle d'architecture antique, avec la moderne, par de Chambray.
393. L'Architecture de Sébastien Serlio, figures en bois, 1566.
394. La Vie de Palladio; Venise, 1771.
395. Suite des Rosaces antiques, par Antonini; 2 vol.
396. Traité historique et pratique de l'Art de bâtir, par Rondelet; 6 volumes cartonnés.
397. L'Architecture civile des chapelles de Rome, 1721.
398. Perspective, par André Pozzo; 2 volumes.
399. OEuvres de Vincent Scamozzi; 1 volume, petit in-folio.
400. La Cathédrale de Florence, 1733.
401. Les Lois des bâtimens, par Desgodets; dictionnaire, par Devillier.
402. De la Peinture, de l'Architecture, par J. B. Alberti, traduit de l'italien, 1739; 2 volumes en 1.
403. Vie des plus célèbres architectes, par Fontanel.
404. La Généalogie des maisons romaines, monumens, etc.
405. La Bécédario, et Vases, d'après Polidor.
406. Rapport de toutes les classes de l'Institut, en 31 vol. in-4.°, brochés.
407. La vie des plus célèbres architectes; Rome, 1768.
408. Vitruve, commenté par Daniel Barbaro.

409. Quatre volumes, savoir : le Théatre de Palladio ; autres théâtres, par Arnaldi ; Rome antique, par Ligori ; et Rome antique, par Fulvio.

410. Quarante brochures in-4.° ; plus, nombre de pièces, même format.

411. Vingt-sept brochures in-8.° ; plus, grand nombre d'autres de divers formats.

412. Six volumes reliés et brochés, dont Félibien, en 4 volumes.

413. Divers volumes sur l'Architecture, et autres.

414. Recueil de gravures au trait, par J. B. P. Lebrun ; 2 volumes in-4.°, papier vélin.

Meubles, étui de mathématiques en argent ; pierres gravées montées en bagues ; une chaîne de montre en cornaline ; boîtes et bijoux, et autres objets.

Terre cuite par CLODION.

415. Le triomphe d'Ariane exécuté en terre cuite, bas-relief d'une riche composition.

Estampes montées.

416. La pierre du Louvre, par Lecler ; la coupe de l'église Saint-Paul de Londres ; une vue de la Colonnade du Louvre.

417. Plusieurs verres et cadres qui seront détaillés.

418. Un bureau en acajou à têtes et griffes de lion.

419. Deux bibliothèques neuves qui seront exposées.

420. Différens objets de meubles et autres qui seront exposés.

421. Plusieurs cadres et verres, portefeuilles, livres blancs, etc., qui seront détaillés.

422. Un baromètre, par Moissi, montés sur fond d'acajou, fracturé.

423. Un étui de mathématiques composé de 26 pièces diverses, en argent, acier, etc.

424. Quatre rasoirs, 4 canifs, et une paire de boucle d'argent.

425. Un coffret à secret contenant 17 pièces de mathématiques, en argent et acier; plus, trois pains de la Chine, les couleurs à l'eau, un pied en acier et un en argent.

426. Un compas avec ses pièces en cuivres, et 30 crayons de mines de plomb.

Camée du quinzième siècle.

427. Un masque onix à plusieurs couches.

428. Deux chameaux, sur fond calcédoine.

Pierres en creux antiques et modernes.

429. Un sphinx, sur cornaline.

430. Une Minerve, *idem.*

431. Une tête de femme, *idem.*

432. Une lyre, sur sardoine.

433. Un guerrier et une victoire, *idem.*

434. Un masque sur verre.

435. Le Caducée d'Esculape, sur lapis.

436. Une petite Minerve, sur sardoine onix Cabachon à 3 couches.

437. Un lésard avec inscription, le tout gravé en relief, sur fond de calcédoine, monté en bague.

438. Deux belles onix orientales à 3 couches montées en épingle dor émaillée, avec chaîne, du cabinet du baron de Horne.

439. Une agate noire montée en épingle.

440. Deux bagues d'aigue marine blanche, forme solitaire, et l'autre taille des Indes.

441. Une belle agate herborisée rouge, ornée de diverses plantes, fond calcédoine.

442. Une chaîne de montre en cornaline, vieille roche, composée de 16 pierres, de 2 cachets, et d'une clef. Le tout bien appareillé, taillé et monté fortement en or. Collection de la Requiere et de Horne.

443. Une paire de lunettes à branches d'argent, et en burgos.

444. Une boîte de porphire de forme ovale, belle qualité, non montée.

445. Divers objets en tout genre qui pourraient avoir été omis dans la présente description.

Suite de dessins au nombre de trois cent trois, par les plus habiles maîtres. Ils seront détaillés lors de la vente.

Le Public jouira de la vue et de l'exposition de plusieurs ouvrages de feu M. RAYMOND, que sa veuve se propose de garder et faire graver.

DE L'IMPRIMERIE DE DIDOT JEUNE.

www.ingramcontent.com/pod-product-compliance
Ingram Content Group UK Ltd.
Pitfield, Milton Keynes, MK11 3LW, UK
UKHW022145170726
13837UKWH00004B/1785

9 782329 172354